曾莉　刘艳⊙编著

幼儿园开放性活动材料的构建与运用

四川大学出版社

《幼儿园开放性活动材料的构建与运用》

编委会

顾　　问：虞永平　李源田　刘云艳　鄢超云　韦邦福　高启民

编　　著：曾　莉　刘　艳

编　　委：徐红波　申晓燕　彭　丰　王晓丽　冉　秀

参编人员：何　苗　陈　静　马倩云　赵国庆　罗小霞

肖学如　郭　林　陶昆灵　郭荣珊　陈　楠

陈婷婷　周　静　陈江琳　张　媛　周隆玉

陈　列　谢　维　李甜甜　刘　颖　曾欢欢

陈小玥　周炎菊　曾凡新　曾洪娟　杨　柳

田　甜　张　清　王梦雅　甘立锐　窦　婴

任怀翠

坚持科学研究，锻炼幼儿
强健体魄，维护幼儿美好
童年。

题赠西南医院幼儿园

二〇一三年〇月

梦想·鲜花·果实

尼采曾经很诗意地吟咏："每一个不曾起舞的日子，都是对过往生命的辜负！"每当我驾一叶思维之舟沿生命之河溯流而上，为"不曾起舞"的样态寻找理由时，小舟总是一次又一次地停泊在童年的岸边。

假如，我等能够回到童年……

假如，幼儿园里有我美丽的梦幻……

假如，梦的寓意是"迎着阳光，健康成长"……

过往10年，西南医院幼儿园一群天使般的教师们带着让"所有梦想都开花"的心愿，根据幼儿年龄特点、认知经验和身心发展规律，奇思妙想，变废为宝，创意纷呈，围绕"取材多元、操作方便、耐玩实用、易于推广、促进发展"的原则，开发出若干具有开放性意义的幼儿活动材料，广泛用于幼儿游戏活动中，收到了出其不意的教育效果。在激发探索兴趣，培养环保习惯的过程中，幼儿的注意力更集中，想象力、创造力、手脑并用能力犹如阳春三月，次第花开。对于孩子，如果游戏是快乐的童年，那么，丰富多彩的活动材料就是成功与幸福的源泉。众多的教育

案例让我们相信，会玩的孩子更聪明，会玩的孩子更神奇。

"一切材料皆可利用，一切创意都有可能。"既是重庆幼教之范又是全军幼教之范的西南医院幼儿园，教师们智慧而优雅地选择开放性活动材料建构与运用这一新颖独特的角度，研制出精彩、趣味、简洁的活动器材。一个简略神奇的木方格，就有搭、建、攀、走、跳、抬等6种玩法。孩子们在游戏活动混搭中的灵巧多变还会生成不可估量的新奇，还会赋予童心清纯明亮的意义。伙伴、情节、故事、传奇，还有常玩常新的角色、变换、编导、演绎，就隐藏在开放性活动的器材中，会冒出奇葩异卉般的稚嫩灵气。

沉浸在如此这般的童话世界里，在丰富的教育实践中建构教师专业发展中的知识、能力与信念，围绕幼儿园教育指导纲要五大领域实施素质教育，描绘出至为生动的画卷，自然流淌着泉水叮咚般的童趣。因为丰富便捷、触手可及的设计制作，从让·皮亚杰、玛丽亚·蒙台梭利、卡尔·贝莱特们的肩上走过，从"做中学"走向"玩中学"，"想象力"变成"园动力"。这是属于"西幼"的创造，这是幼儿教育领域的专业实践，这是可以走向大江南北的启迪。即使恍然遇见朱熹，他也会宣读自己的名言："小立课程，大作工夫。"

让梦想开满鲜花，让硕果挂满枝头。这就是"西幼"，这就是曾莉，带领她的团队，为了孩子健康成长，为了孩子美好的明天，在耕耘，在创意！

李源田

2013年4月

目 录
CONTENTS

下 篇 实 践 篇

上篇　理论篇

幼儿园开放性活动材料构建与运用的内涵

　　材料是人类赖以生存和发展的物质基础，是人类用于制作成成品的东西。本书中，开放性材料是相对于高结构的成品材料而言的，侧重指生活中常见的、易于回收利用的、可以组合制作成可变性和多功能性的运动器械的物质材料。开放性材料本身具有可变性、可移动性、能自由组合、一物多玩的特征。在材料的投放上具有多样性、互补性、层次性、生成性等特点。

　　在幼儿园很少有与物质材料无关的活动，对幼儿来说，没有物质材料就没有真正的学习和发展。但很多幼儿园的户外运动材料的数量和种类匮乏，大多是高结构、缺乏变化的成品体育器械，可供幼儿自由选择和操作的运动器械较少，即使有些幼儿园利用废旧材料自制了运动器械，但仍存在着诸多问题，如自制运动器械耐用性差、不易长期保存、材料种类单一、美观但缺乏实用性、材料投放大小不适宜、组合式运动材料匮乏、运动器械缺乏统一分类管理和充分运用等等。皮亚杰认为幼儿是通过主动与物体的操作，在环境的相互作用下获得经验和发展。在体育活动中，器械是幼儿运动的重要载体，器械可以引发幼儿进行体育活动的愿望与构想，并产生相应的行为和活动，器械引起的操作形式越多，幼儿在活动中表现出来的主动性和积极性就越高，得到的身体锻炼就越全面。因此，恰当地开发和运用各种开放性材料，使幼儿通过与各种材料的充分互动，各方面能力获得更好、更全面的发展。

　　2010年11月21日颁布的《国务院关于当前发展学前教育的若干意见》中明确指出："遵循幼儿身心发展规律，面向全体幼儿，关注个体差异，坚持以游戏为基本活动，保教结合，寓教于乐，促进幼儿健康成长。"随着《3～6岁儿童学习与发展指南》的颁布与贯彻落实，学前教育的改革与发展对幼儿教育提出了新的要求。加强对幼儿园玩教具、幼儿图书的配备与指导，为儿童创设丰富多彩的教育环境，可以防止和纠正幼儿园教育"小学化"倾向。为响应国家政策，克服幼儿教育中的不良倾向，越来越多的幼儿园利用开放性材料自制活动器械来满足自身需求。开放性活动材料具有使用的灵活性、功能的复合性、玩法的多样性和创造性等特点，比起市面上的活动器械设计的大众化、商业化，自制活动器械更加能够满足幼儿园展开活动的需要。鉴于此，西南医院幼儿园在"十一五"和"十二五"期间，依托其先进的办园理念和特色，选择了"幼儿活动材料的开发与运用"这一课题进行专门的探索和研究，并在"开放性材料对幼儿运动经验影响的研究"方面进行了深入的系统研究，获得了较为丰富的研究成果。

幼儿园开放性活动材料构建与运用的理念

（一）以"幼儿"发展为本，大力促进其全面发展

1. 把握儿童身心特点，提高材料选择的适宜性。

幼儿园开放性活动材料构建与运用的最根本依据是幼儿的身心发展特点，不以幼儿的身心特点为依据来开发的体育器械既不能调动幼儿参与活动的情绪，也不能充分地锻炼幼儿的身体与运动能力，甚至还可能由于幼儿操作不慎伤害到幼儿的身体。因此，幼儿体育器械的开发一定是以幼儿的身心特点为基础的，每个年龄阶段幼儿的身体发育和运动能力是存在较大差异的，如何把握这种差异是关乎着体育活动器械开发成功与否的关键。我们应该遵循材料投放的"适宜性、针对性、目的性、操作性"的要求，提供适合幼儿年龄特点和发展需要的活动材料，充分挖掘活动材料的本体价值和所蕴含的可能价值。如针对婴班和小班幼儿提供安全卫生、柔和美观的玩具和活动器械，增加高真实性和高结构性器械的投放，因为幼儿年龄越小，对活动器械的逼真性程度要求越高。而对于中、大班幼儿，则提供更多的半成品的、废旧的、具有低真实性和低结构性的活动材料，因为高结构的活动材料具有较强的定向作用，可能会抑制幼儿的想象力。在活动中，我们发现低结构的活动器械比高结构器械更有助于中、大班幼儿的探索行为，可以发展幼儿的创造力、动手操作能力、合作能力，锻炼幼儿的意志力。

2. 强化幼儿自主构建，激发材料开发的创造性。

幼儿学习是一个主动建构知识的过程，以幼儿自身的兴趣和需要作为积极主动地参与各种活动的基础。教师只有充分利用幼儿的兴趣和需要，从幼儿出发来设计和组织活动，才能将幼儿的学习变被动接受为自主建构。为此，教师在开发和选用活动材料时，必须以"幼儿为本"。

通过观察、研究发现，材料的来源途径是多元化的，但当材料开发和使用主体均为幼儿时，幼儿兴趣点最高、活动持续时间最长、幼儿学习活动的有效性和教师教学活动的有效性最好。于是教师从活动主导者、组织者，材料提供者、开发者的角色转变为与幼儿相互协商，共同探讨、友好合作，成为一个协助者，发动幼儿的集体力量通过各种途径收集、设计、开发活动材料。在幼儿主动寻找收集材料的过程中，如通过对不同纸盒、纸箱的收集，幼儿了解了纸盒、纸箱的不同功用、不同特点，学会了分类，养成了节约的品质，具有了环保意识。幼儿主动构思、寻找、创作，运用纸盒、纸箱进行活动，一方面简单的原始材料经过幼儿的奇思妙

想，创造出很多新式玩法，废旧材料变得富有生机与活力，废旧材料的使用价值得到了最佳发挥；另一方面，幼儿活动的积极性大大提高，改变了以往玩教具大都由教师提供的方法，幼儿成为活动的真正主体。在教师的指导和帮助下，幼儿通过与活动材料的积极互动，从而教育自我、愉悦自我、发展自我，材料所蕴含的发展价值也因幼儿的加入得到充分挖掘。

如利用"木条、木桩、不锈钢管"开发的"奇幻木方格"，活动材料集"环保、开放、多元、趣味"于一体，幼儿可以自由组合、任意拆装。运用不同的组合，幼儿可进行"钻山洞""过小桥""攀登架""跳格子""抬轿子""滑轮""拉力比赛""走迷宫"等极富创造力的活动。在操作学习过程中，幼儿变接受性学习为自主性学习，遵循自己的内部需要和发展规律，在已有经验和对材料理解的基础上，创造、开发、组合各种活动材料，创造性地开发出各种不同的玩法，幼儿兴趣高昂、乐此不疲。在发展幼儿身体运动经验的同时，愉悦幼儿的心情，更促进孩子们社会性和创造力的发展。

（二）以"材料"为基，充分挖掘其潜在价值

幼儿的年龄特点决定了他们对物质世界的认识必须以具体的事物和材料为中介，不同年龄的幼儿对活动材料的需求具有差异性。我们应该遵循材料投放的"适宜性、针对性、目的性、操作性"的要求，提供适合幼儿年龄特点和发展需要的活动材料，充分挖掘活动材料的本体价值和所蕴含的可能价值。

如利用各种可乐瓶、油瓶、奶粉罐、食品罐、易拉罐等废旧材料，制作出一系列有趣的"瓶罐变变变"的玩具器械：（1）婴小班幼儿可以用瓶子配对；（2）可乐瓶可以用来套圈，发展幼儿手眼协调能力；（3）将瓶子和盒子组合，婴、小班幼儿可以玩"赶小猪"游戏；（4）瓶子保龄球；（5）将瓶子套在绳子上，创新绳子，增加绳子的重量，中、大班幼儿甩绳更加容易，玩起来也更有趣，分别发展幼儿的跳跃能力和臂力；（6）把罐子侧面开口，可以给动物宝宝喂食；（7）将油瓶装水，中、大班幼儿可以合作运水；（8）瓶子与PVC管组合成不同的高度，做成可升降式跨栏，可供不同年龄段的幼儿练习跨跳；（9）各种易拉罐、奶粉罐组合，生成梅花桩、高跷，可锻炼幼儿的控制能力和平衡能力；（10）单个罐子，幼儿也能玩出很多花样，如滚滚乐；（11）在带柄油瓶的把手上绑上一条长约50厘米的塑料管，做成龙头、龙身，使油瓶摇身一变成了具有中国特色的舞龙玩具，既简单、耐玩又实用，可以让幼儿练习朝一定方向挥动手臂，锻炼手臂肌肉和走跑动作，发展控制能力和协调合作能力。

（三）以"实用"为轴，充分彰显其特色优势

"耐玩、安全、实用"是开放性活动材料构建与运用的前提和原则。长期以来，教师在自制玩教具时，大多往往只停留在利用废旧物制作一些观赏性较强而实用性较弱的玩教具上。这些玩教具只注重了废旧材料的利用，而忽视了制作玩教具的耐玩性和实用性，有的活动器械制作精美，但不利于幼儿多次活动。在制作活动器械时，应避免人力、物力资源的浪费，更应该寻找比较耐用的原材料，不应仅仅为"参展"而不惜花费巨大的人力、物力来专门制作精美的"展品"。

（四）以"实效"为果，充分发挥其独特功效

"简易、方便、有效"是开放性活动材料构建与运用在幼儿体育活动中最基本的要求和结果，幼儿园自制活动器械不同于成品器械的地方，正在于其"简易性"。这种"简易性"要求取材方面成本低廉，然后要求制作方法相对简单，不会花掉老师和幼儿大量的时间，且使用方便。每个班级所提供的活动器械并非越多越好，有些教师倾其所能，投放了五花八门的活动材料，但活动效果却并不理想。幼儿被丰富的材料弄得眼花缭乱，这个摸摸、那个碰碰，注意力分散，而且过多的器械不利于幼儿间的交流与合作。在投放材料时，应充分考虑材料与活动目标、幼儿数量、年龄特点等的关系，做到有的放矢，解决材料投放的盲目性和一味地求新求异，并根据幼儿发展情况，适时进行更换和补充。

（五）以"新颖"为驱，全力促进其科学发展

"多元、新颖、引领"是自制幼儿体育活动器械在幼教发展中的不懈动力，由于幼儿教育具有生活性、活动性和浅显性等特点，幼儿活动材料的选择可以非常广泛，而不应局限于成品的玩教具。教师在选用活动材料时，要注意活动材料选取的多元性。具体而言，首先，教育者要本着"取材多元、操作方便、易于推广、促进发展"的原则，开发和利用各种废旧材料，并创造性地制作各种各样新颖独特、操作性强的活动器械，提高活动器械的潜在价值；其次，教师要针对不同年龄段和发展特点的儿童，有针对性地开发多元的活动材料，以满足不同年龄儿童的需要。如开发制作适合各个年龄层幼儿使用的"多用飞盘"，中、大班幼儿可以用之开展投掷飞盘的活动，锻炼手臂肌肉、反应能力；婴、小班幼儿可以用之开展滚动活动，锻炼抓握能力。废旧布的利用，对于小班幼儿，可以制作成尾巴，进行玩揪尾巴的游戏；对于大、中班幼儿，可以制作成沙包，进行投掷、抛接球的游戏等等。

幼儿园开放性活动材料构建与运用的价值

（一）促进幼儿体能全面协调发展

瑞士著名的心理学家皮亚杰说："智慧既不是从自我知识开始，也不是从事物本身的知识开始，而是从它们相互作用的知识开始的，也正是通过使它本身同时向着相互作用的两极发展，这样，智慧才通过组织自身而组织世界。"[1]皮亚杰还认为，幼儿在与环境相互作用的过程中获得认知结构的构建与发展。幼儿的学习，发生在与周围环境的积极主动的相互作用过程中，这种积极主动的相互作用的过程乃是活动。

意大利儿童教育家蒙台梭利也主张教师要为儿童提供"有准备的环境"，其中包括经过教师组织安排的物质环境，主要是指各种可供幼儿操作使用的材料[2]。幼儿处于具体形象思维阶段，其学习需要通过各种感觉器官和肢体动作来完成，再加上幼儿好动、好奇、好创造的天性，对活动材料的操作和创造要符合幼儿年龄特点和发展水平。此外，让幼儿参与制作则更具教育意义，教师和幼儿一起收集废旧材料，可以从小培养他们的环保理念；指导幼儿亲手制作器械，可以锻炼他们的动手动脑能力；而当幼儿玩耍器械时，则会使他们体会到活动的快乐，并发展体能。与其说教师带领幼儿制作器械，不如说教师正在给他们上一堂生动的教育课，而所有的教育内容、教育思想都与轻松快乐的氛围融于一体，体现寓教于乐的精神。让幼儿同老师一道探讨、选材和参与体育器械制作的过程，其实也是一个让幼儿自主创新的过程。开放多元的、自制的活动器械，不仅可以有效弥补现有器械高结构和数量不足的缺憾，而且保障了幼儿游戏和发展的权利，幼儿可以自己动手、动脑，自主"创造"属于他们自己的游戏和活动，促进了幼儿全面发展。

（二）促进教师教育智慧和技能的提升

教育智慧是良好教育的一种品质，表现为教育的一种自由、和谐、开放和创造的状态。教育智慧在教育教学实践中主要表现为教师对于教育教学工作的规律性把握、创造性驾驭和深刻洞悉、敏锐反应及灵活机智应对的综合能力。智慧型教师的教育智慧是教育科学与艺术高度融合的产物，是教师长期实践、感悟、反思的结果，是教师多方面素质个性化的综合体现。

幼儿开放性活动材料的开发需要教师善于发现生活常见的各种材料，如空牛奶盒、矿泉水瓶、废旧衣服、纸箱、易拉罐等废旧物品，并将他们变为创作素材，设计出既好玩又具教育价值的活动器械。这需要充分发挥教师的创造力，激发教师研究开放性活动材料的兴趣，提高教师利用活动材料促进幼儿的学习和发展的能力。在这个过程中，教师能够提升其教学技能和教育智慧。在开放性活动材料构建和运用过程中，教师转变为开发活动材料的"工匠"角色，则要根据本班幼儿学习和发展的需要和兴趣，以及各种材料的特性，为幼儿开发适宜的、幼儿感兴趣的活动材料。注意在幼儿使用活动器械的过程中观察和了解幼儿的兴趣、身心发展情况，引导他们发现问题、解决问题，在对话与互动过程中和幼儿共同成长，促进教师的专业化发展[3]。

（三）促进家园立体互动、合作共赢

家长参与和家园合作是提高幼儿园教育质量、促进幼儿身心健康发展的重要条件。开放性活动材料的开发可以成为家长参与幼儿的学习过程、家园合作的重要途径，对于提高家长参与和家园合作的深度和广度具有重要意义：（1）有助于家长认识和了解幼儿园教育教学的特点、内容，生动直观地感受到活动器械对于幼儿学习和发展的重要意义，更新教育观念；（2）家长可以帮助收集自制器械的材料、提供设计和制作经验、参与围绕活动器械开展的主题活动等，使家长能够在参与幼儿学习过程的层面上和幼儿园合作，提高家长参与的深度；（3）有助于家长体验和认识自己的教育责任和能力，唤醒和增强家长作为孩子的第一任老师的角色意识，积极主动地参与到孩子的教育过程中来，有益于增进亲子关系以及家长之间的分享和交流[4]。幼儿园和家长的目标是一致的，都希望把幼儿培养成一个对社会有贡献的人，全面发展的人，在这个共同目标的指引下，就需要整合各方面资源，调动一切积极因素，促进幼儿德、智、体、美全面协调发展，实现幼儿园进步，家长满意，幼儿发展，互利共赢。

幼儿园开放性活动材料构建与运用的设计要素

（一）结构

结构是玩具的灵魂。结构是玩具中各部分的相互组合方式，这种组合可以由单一的一部分构成，也可以是多个部分的联合构成。幼儿体育活动器械作为一种运动类的玩具，可以是不改变其原来特性的单一材料，如矿泉水瓶做的"手榴弹"；可以是两种或者两种以上材料组合而成的器械，如由几个矿泉水瓶、松紧带、豆子做成的拉力器；也可以在改变原材料物体特点的基础上创新生成的器械，如将大、小油桶打洞，在其中插上PVC管，油桶与油桶之间连上松紧带，外面简单包装一下，制作成一条活灵活现的"中国龙"。这就体现了一种材料进行不同的组合和创新，可以设计开发出不同的活动器械，幼儿在愉悦身心的同时，促进了不同身体部位的锻炼，而且还综合发展了其社会性、智力等。

（二）色彩

形状与色彩组成了整个视觉世界的外观，但是就感觉而言，色彩能够比形状产生更直接、更强烈的影响。色彩往往先声夺人，所谓"先看颜色后看花""七分颜色三分形"的说法都是在描述色彩对视觉效应的重要作用。"一个婴儿刚用眼睛来认识这个世界时，最先辨认的是色而不是形。"[7]

色彩心理是客观世界的主观反映，不同波长的光作用于人的视觉器官而产生色感时，必然导致人产生某种带有情感的心理活动，儿童也不例外。根据实验心理学的研究，儿童随着年龄的变化，生理结构也会发生变化，色彩所产生的心理影响随之有别。一般来说，色彩明度是决定配色的光感、明快感、清晰感的关键。高调愉快，活泼；低调朴素，寂寞。明度对比强时光感强，形象清晰度高；明度对比弱则形象模糊，晦暗单薄。因此，根据儿童心理的分析，在进行儿童玩具设计时就要避免使用低短调、低中调、中短调等明度的弱对比，以免产生忧郁的、低沉的、模糊不清的视觉效果。

因此，在设计和自制幼儿体育活动器械时，大多数都是利用废旧材料进行改造，在改造加工时，教师需要根据幼儿的年龄特点做一定的装饰，选用红、黄、金等较明亮、热情的颜色，可以调动幼儿选用活动器械的积极性，提高它使用该器械的频率，从而更好地促进幼儿运动技能的发展。

（三）功能

广义上讲，在产品设计中，其设计对象的功能决定形式，功能第一性的原则是不变的定律，产品设计的初衷就是要以人为本，满足使用者需求，要具备一定的功能性，这是产品得以存在的基础，产品设计最主要考虑的因素之一就是功能要素。幼儿体育活动器械也是如此，必须要满足幼儿进行体育活动的基本需要，应该具有可操作性及娱乐、身体锻炼、教育的功能等等。但其最核心的功能是促进身体运动的功能，帮助幼儿进行各个身体部位的锻炼。幼儿的动作、能力、经验、情感等与活动材料的大小、结构、功能复杂性之间存在着相互制约的关系，通过与设计巧妙的设备与材料的互动，儿童将发展出大小肌肉的协调性，对外界的概念以及创造性、社会技能和自我认知。在活动过程中，对活动器械的运用需要教师和幼儿共同的智慧，让一个简单的活动器械玩出花样、玩出水平、玩出新意。如教师创设的一个简单的彩色纸板，看似不知道如何玩耍，但在幼儿的探索中，却能够一物多玩，玩出"过独木桥""跳栅栏""钻山洞""同舟共济过小河""火车呜呜呜"等多元的玩法。在体现简单易制作的活动器械的同时，更体现了幼儿玩的能力和创造力。

（四）创新

创新是幼儿玩具设计、活动器械设计个性化的突出体现。自制体育活动器械也需要在实用的基础上不断创新，独到的创意和新颖巧妙的构思是最具智慧的。如传统的球架，通常一次只供一个幼儿投掷使用，功能比较单一，在西南医院幼儿园老师的创新和改进下，在传统的球架玩法的基础上设计开发了"多功能球架"，该球架的架身由六个面的实木板组成，设置了不同高度的投球筐，不仅可同时供多名幼儿同时投掷，而且可满足不同年龄段幼儿投掷；六块实木板是可拆卸的，拆卸后，在钻有孔的实木板上系上绳子，幼儿可以玩三人两足的游戏；在球架的底座安装了万向轮，不仅可以让幼儿轻松搬移活动器械，而且底座可供幼儿玩滑轮车的游戏。此活动器械不仅可以一物多玩，而且极富创新性，充分体现了教师的独创精神和开拓意识，该器械成果获得国家两项发明专利，先后有多家玩具厂商欲购买专利并推广生产。

械。利用各种不同的纸盒、纸箱，可以发展幼儿的走、跑、跳、钻爬、平衡等运动技能，可以设计"盒子盒子来过河""走迷宫""开汽车""藏猫猫""跳盒子"，中、大班幼儿还可以合作玩"接力传送带""车轮滚滚滚"。

（三）人人参与，协调完善

为了不断激励教师开发出更多更适宜幼儿发展的活动器械，将任务落实到人头，发挥教师各自的优势，尊重教师的劳动成果，我们通过探究，创编了独具我园特点的玩教具评价标准：《西南医院幼儿园材料开发与运用评比表》。我们变"以往以班级为单位的玩教具评比模式"为"以个人为单位的玩教具评比"，每两月进行一次全园玩教具开发与制作比赛。在这其中，我们设立了创意推广奖和数量充足奖。在"创意推广奖"中，评委们根据作品的几个维度进行分项打分：材料环保安全；趣味性；耐玩实用；设计有创意，符合幼儿操作特点和动作发展水平；制作简易，适宜推广。再将各项分数进行综合。在"数量充足奖"中，评委们根据以下几个维度进行打分：作品的材料环保安全；体现趣味性、操作性，实用性强，教玩具经久耐用；有一定的设计思想，能在以前玩具的基础上有改进的地方，有一定的难度；种类多，数量充足，能满足一个班的孩子玩耍。紧接着针对"创意推广奖"和"潜在发展奖"的获奖器械进行小组研讨，大家共同出谋划策，进一步挖掘该活动器械的多种玩法，进行二次改进，以求"联合共赢"，保证自制户外玩具创新的多元化。比赛完成后，将活动器械投放给幼儿，让幼儿进行自主性玩耍，教师对幼儿的玩耍方式、对其动作发展的作用、幼儿选择器械的频率和玩耍时间进行观察记录，找出某些器械中存在的问题和需要改进的地方，进行再次加工制作完善。

（四）分类存放，科学管理

优质的活动器械应具备经久耐用的特点，要最大限度地发挥其教育功能，首先就需要幼儿园有一套科学化的玩教具管理体系。如果幼儿园没有清晰的、系统的玩教具管理，不利于老师劳动成果的保存，更不能发挥团队管理的价值。因此，我们主要在实物和资料两方面的管理上下工夫。

1. 科学有效管理和保存活动器械。

大量的活动材料若管理、保存不规范，则很容易遗失、损害，各个班也容易混淆，看起来杂乱无章。为了能科学有效地保管活动材料，我们在操场旁边设立了四间专门的活动器械储存室，全园分年级组、分区域、按材料类型进行标识和存放。此外，除了早操和户外活动使用这些活动器械外，我们还将活动器械融入孩子的一日生活中，每个班级教室和楼层也设立了专门的活动器械区域，便于幼儿在来园、游戏环节、过渡环节、放学后或下雨的时候进行活动。

2. 建立和完善科学的活动器械存档体系。

我们编制了《西南医院幼儿园优秀教玩具说明书》，包括的内容有：（1）作品名称；（2）作品类别；（3）作品外形和结构（用图示、照片等方法介绍该作品的基本结构、整体造型、主要材料、外形尺寸）和作品的主要功能和特点；（4）介绍该作品适合领域、适用年龄、基本使用方法和主要作用；（5）作品制作方法，介绍该作品的制作过程、关键要领，可附图示说明；（6）玩法介绍；（7）使用案例，选择最能反映该作品功能价值的典型活动，内容包括活动目标、玩教具教育策略及实施过程等，案例照片清晰并可附活动录像。这样就可以通过档案的方式对我们所开发的器械进行保存。

幼儿园自制体育活动器械的开发需要有新颖的办园理论、充满生机与活力的激励机制、严谨的器械开发策略、科学的器械开发管理，才能在儿园体育器械的发展道路上越走越宽广。

参考资料

[1]皮亚杰.英海尔德.儿童心理学[M].吴福元，译.北京：北京商务印书馆，1980.

[2]蒙台梭利.蒙台梭利早期教育法[M].祝东平，译.北京：中国发展出版社，2003：113.

[3][5][6]刘焱.幼儿园自制玩教具活动的意义、指导思想和评价标准[J].学前教育研究，2007（9）.

[4]孙小瑜.挖掘废旧材料在幼儿体育活动中的利用价值[J].学前课程研究，2007（9）.

[7]王令中.视觉艺术心理网[M].北京：人民美术出版社，2005.

[8]孙小瑜.挖掘废旧材料在幼儿体育活动中的利用价值[J].学前课程研究，2007（9）.

[9]朱江琴.自制玩具：促进幼儿多元智能的发展[J].江苏教育研究，2011（2）.

下篇　实践篇

名称：多功能球架

作　　者：彭　丰　陈　静　甘立锐

适用年龄：3～6岁

材　　料：木板、布带、尼龙线、金属配件

制作步骤：

1. 取等腰梯形木板6块：腰长1米、上宽10厘米、下宽20厘米、厚1.5厘米，上面打孔、上螺丝。

2. 上做一个边长10厘米的空心六边形顶盖，便于插接；下做一个边长30厘米（内有边长20厘米凹槽）的底座，底座下安装4个万向滑轮。

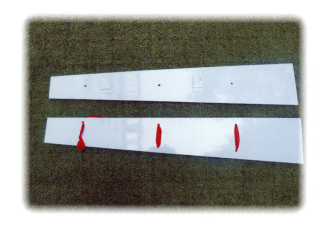 

3. 用长短不同的铁丝制作成大小不同的圈，将粗棉线编织成网并与铁丝圈连接起来形成投球圈。

成品图片：

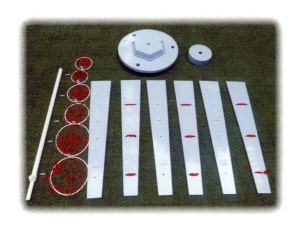 

特点：六块蓝白相间的木板组合成火箭造型，架身上大小、高矮不同的篮网可供各年龄幼儿投掷联系，并可悬挂活动器械。当六块木板拆卸后可供幼儿分组进行划龙舟游戏活动（二人或三人），底座独立后可供幼儿玩滑轮车。在运动、娱乐中组合可拆装成动力火箭，发展幼儿的四肢动作，培养幼儿合作精神和竞争意识。

玩法一：分组投篮

此玩具可供大中小班的孩子分组投篮。篮筐的高度和大小可以根据孩子的需要进行调节。

功能：促进幼儿手眼协调性以及定位能力，锻炼幼儿手臂力量。

成品图片：

特点：简单、自由组合、任意拆装的设计使这一作品具备开放、多元、趣味等特点。在满足幼儿运动、娱乐的同时发展了孩子动作的平衡、力度、准确、灵活、协调性及空间想象思维，培养了幼儿的勇敢、合作精神。

玩法一：搭小桥

利用打孔木桩、直角及直条钢管作为配件，将5~6个木方格平行连接后就形成了可以升降的平衡木，幼儿可以玩过小桥的游戏。随着幼儿动作的熟练，可不断地调整高度。

功能：锻炼幼儿的平衡能力。

玩法二：搭山洞

当两个木方格被角度不同的钢管连接后就变成了一个个高矮不同的山洞。

功能：提升幼儿的钻爬能力。

玩法三：攀爬架

用当4个或者5个木方格相连接后，变化成三角或者梯形的"小桥"，供幼儿攀爬。

功能：提升幼儿攀爬能力和身体的协调能力。

玩法四：走迷宫

多个木方格可以被幼儿任意组合，形成迷宫的形状，供幼儿玩走迷宫的游戏。

功能：提升幼儿观察、判断能力。

玩法五：跳格子

多个木方格可以被幼儿任意组合，形成格子的形状，可作跳格子的游戏用。

功能： 提升幼儿跳跃能力。

玩法六：抬轿子

多个木方格可以被幼儿任意组合，形成各种不同的形状，单个的可以玩抬轿子的游戏，安上滑轮的木方格变化成滑轮车、拉力器。

功能： 培养幼儿的观察力和合作能力，锻炼幼儿手臂力量和身体的协调性、灵活性。

名称：多人弹力高跷

作　　者：罗小霞

适用年龄：4~6岁

材　　料：无纺布、报纸、泡沫板、无纺胶带、尼龙绳

替换材料：用布替换绳子

制作步骤：

1. 将两块打孔木板与弹簧固定。　　　　　2. 将加高木板固定到两块木板间，达到稳定作用。

3. 将无纺布穿插于木板孔。　　　　　4. 尼龙绳穿插于木板中间洞孔，并打结固定。

成品图片：

特点：当幼儿的能力提高后可去掉木板间的固定板，这时可充分发挥弹簧的弹性。它具有经久耐用、操作性强、弹跳性、协调性等特点。

玩法一：同心桥

用无纺布将幼儿的脚固定，两手提尼龙绳于腰间，达到平衡的目的。在幼儿两人三足的基础上，增加了高度和难度。幼儿同方向向前走，并喊口令"一二一二""左右左右"合作前进。当幼儿熟练后去掉固定板。发挥弹簧的作用，使幼儿的平衡能力得到进一步加强。

功能：增加幼儿的合作性和身体协调性。

玩法二：小火车

幼儿将尼龙绳取下，将无纺布固定于脚上，口令一致同方向向前开。

功能：锻炼幼儿的平衡能力、脚部协调能力和合作能力。

玩法三：小兔过桥

将尼龙绳和木板摆放成障碍物，幼儿依次行进跳跃。

功能：发展幼儿单双脚向前跳的能力以及身体的协调性。

成品图片：

玩法： 投掷

根据幼儿年龄特点，投放大小不同、内容不同的卡片，投掷的远近可根据幼儿的能力自由调控。

功能： 锻炼幼儿的手臂力量和手眼协调能力，培养幼儿的认知能力。

名称：快乐滑板车

作　　者：陶昆灵

适用年龄：3～6岁

材　　料：轮子、带孔木板

替换材料：结实的塑料板或者泡沫板、轮子可以换成能转动的木轮

制作步骤：

1. 将木板打孔，磨圆角，可做成任何形状。

2. 将轮子钉在木板下面的四角。

成品图片：

特点：材料易收集，能感受不同玩法带来的速度感，幼儿非常感兴趣。

玩法一：拖拉车

　　用长绳子穿过孔做成拖拉车，在上面摆放货物进行送货小游戏，也可以在上面坐一名幼儿进行推、拖、拉游戏，练习手臂力量。

　　功能：锻炼幼儿的腿部肌肉和手臂力量。

玩法二：单人滑板车

一人坐一辆滑板车，双手抓住滑板，脚用力蹬地向前滑行。也可以用腹部压在滑板车上，用手撑地使滑板车滑起来。还可以双腿跪在滑板车上，借助棍子向地面发力，让滑板车滑行。

功能：锻炼幼儿的手臂力量、腿部力量、腰部力量及身体平衡性。

玩法三：小火车

用绳子穿过孔，前后连接多个滑板车，大家一同用脚蹬地同时向前滑行。

功能：锻炼幼儿的腿部力量，促进幼儿的合作性。

名称：智慧网架

作　者：陈婷婷

适用年龄：4～6岁

材　料：木条、木板、花布条、绳子、无纺布、毛线、数字卡片、动物图片、泡沫纸条、牛奶盒、即时贴、钉子

制作步骤：

1. 选择大小口径相同的木条若干。
2. 将木条成框架结构固定，并在四周打小孔。
3. 用木板当门，用锁扣住。
4. 用漆在网架四周涂抹均匀。
5. 用细绳从洞口间穿起来成网状和线条状。
6. 用无纺布将门的一面装饰并固定。
7. 在架子上方固定的四周钉上布条。
8. 用即时贴装饰牛奶盒。

成品图片：

特点：益智、玩法多样化，适合幼儿年龄特点。

玩法一：图形变变变

用花布条在网上发挥想象力自由串编图形。

功能：培养幼儿的想象创造能力和动手能力。

玩法二：走迷宫（拼图、数的分解组合）

用无纺布将木方格的一面装饰并固定，并提供数字卡片和各种拼图进行数的分解组合及数字迷宫的游戏。

功能：培养幼儿动手能力和思维能力。

玩法三：编织排序

幼儿在网上进行简单的循环排序的游戏，在游戏中幼儿能寻求排序的规律。

玩法四：花样绣

用毛线在网上发挥想象力自由织图。

功能： 发展幼儿观察、比较、判断、推理的能力，以及解决问题能力。

功能： 培养幼儿的想象和创造能力。

玩法五：编小辫

在架子上方固定的四周处钉上布条，并学习两人合作编三股辫，体验编织的乐趣。

功能： 锻炼幼儿的手眼协调能力和合作能力。

名称：拔河

作　　者：马倩云

适用年龄：3～6岁

制作材料：厚实的花布、泡沫地垫

替换材料：结实的绳子、废旧抱枕、枕头

制作步骤：

1. 在泡沫地垫上剪出两个孔。2. 将厚实的花布裁成宽20厘米左右的布条。

3. 将布条穿进地垫，一端打结成环状。

成品图片：

特点： 1. 泡沫垫有效地缓解了绳子对身体的勒伤。

2. 简单的一根布绳、两块泡沫垫（或抱枕），可以挖掘出多种玩法，仅仅拔河游戏就可以由两人、三人、四人等组成不同形式进行，除了腹部，还能用胳膊、腿部拔河；将绳子套在身体不同部位，又可以开展跳跃、钻爬活动，游戏形式丰富，富有多元性和趣味性。

玩法一：两人拔河

在场地上画好间隔一定距离的两条横线，两名幼儿站在横线两端，分别将绳圈套在腰上，以泡沫垫保护腹部，各自背对背（面对面）朝前（后）用力拉，将对方拉过线者为胜。也可用身体的其他部位拔河。

功能：锻炼幼儿身体各部位力量和协调、平衡能力。

玩法二：双人投篮

两人套上绳圈，拉直绳子背对背站立，每人前方一米处摆一个球篮。分别抱球用力拉对方使自己能顺利将球投进球篮。先投进球或者在规定时间内投球数量多者为胜。

功能： 提高幼儿的耐力以及身体各部位的力量，体验游戏的快乐。

玩法三：多人多向拔

将两条或者四条绳子中间打结连接在一起，三人或四人背对背（或者面对面）朝不同方向用力拉。也可用身体不同部位拔河。

功能： 锻炼幼儿身体各部位力量，培养幼儿竞争意识。

玩法四：跳跳乐

把几个拉力器摆放成格子，幼儿从每条绳子上跳过。

功能：1. 展幼儿动作的协调性和灵敏性，体验游戏的乐趣。

2. 培养幼儿的合作意识。

玩法五：钻爬练习

功能：锻炼幼儿钻爬能力，发展幼儿动作的协调性和灵敏性；体验游戏的乐趣。

玩法六：卷布条

幼儿把布按一个方向卷成一根布卷，训练幼儿手眼协调能力。当幼儿动作熟练后可以多人同时卷一张大布。

功能：锻炼幼儿手眼协调性以及手指的小肌肉。

玩法八：抬轿子

一名幼儿坐在布轿子里，几名幼儿合作抬起轿子。可以组织幼儿进行比赛。

功能：幼儿合作把布条变成轿子，练习幼儿手臂力量、合作能力。

玩法七：过沼泽

多名幼儿排队，一个接一个地在布条上按一个方向滚动身体，练习幼儿身体翻滚能力。

功能：锻炼幼儿身体协调、灵敏性，培养幼儿合作意识。

玩法九：翻越吊床

将布条做成一张吊床，幼儿从吊床的一边翻越到另一边。吊床摇摆不定，刚开始的时候幼儿有难度，可让一至二名幼儿控制好吊床，随着幼儿的协调性和灵活性增强，可不断地调整高度。

功能：锻炼幼儿身体协调性和灵活性。

玩法十：大伞

多名幼儿分别拿住布的边沿，同时抛起，四角的幼儿转身躲进布里并把布往下拉，其余的幼儿要快速地钻进布里，没有钻进的幼儿就输了。

玩法十一：沙漠之舟

幼儿坐在布船上，由同伴齐力拖动布船。

功能：锻炼幼儿的躲闪能力及灵敏性。

功能：培养幼儿合作意识，锻炼幼儿手臂力量及身体的协调平衡能力。

玩法十二：两人三足

两个小朋友合作游戏，用布条绑住每个孩子的一条腿，两人变三足协同前进。

玩法十三：拧麻花

两名幼儿分别拿住布的一端使劲甩动，拧成麻花状。

功能：锻炼幼儿身体协调性、灵敏性，培养合作意识。

功能：锻炼幼儿手臂力量和灵活性。

玩法十四：拔河

把幼儿分成两组分别拿住卷好的布条一段，进行拔河游戏。

功能：锻炼幼儿手臂力量，培养幼儿的团结合作意识。

玩法十五：你投我挡

幼儿用柔软轻便的球进行投掷，对面多名幼儿抓住大布的长边并半蹲下，随时站起用布抵挡对面的进攻。

功能：锻炼幼儿手臂力量和团结合作能力。

名称：捕蝶网

作　　者： 陈楠

适用年龄： 4~6岁

制作材料： 羽毛球拍、废布、鱼线

替换材料： 可以用鱼线或塑料线做成的网

制作步骤：

1. 先把旧羽毛球拍的网线全部拆掉。

2. 用布做成口袋，把袋口边缘缝在球拍上。

玩法一： 捕蝶网

可以用来捕捉空中飞舞的目标物，如蝴蝶。

功能： 锻炼幼儿的上臂拉伸能力以及手眼协调和身体的灵活性。

玩法二：接球网

两人一组，一人抛球，一人用网兜去接球。

功能： 1. 培养幼儿正确判断来球的方位、速度、距离的能力，并及时向来球方向伸臂迎球。

2. 发展幼儿的反应、手眼协调能力和身体的灵敏性。

名称：布洞

作　　者： 曾凡新

适用年龄： 2~4岁

制作材料： 塑料管、弯口、布

制作步骤：

1. 将塑料管裁成长短不一的棍子。

2. 用弯口将塑料管子进行连接。

3. 将管子做成山洞形状。

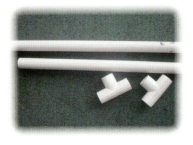 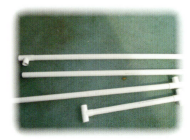 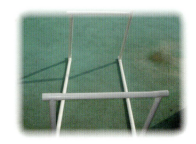

成品图片：

特点：布洞制作简单，变化多样，幼儿感兴趣，具有趣味性和操作性。

玩法一：好玩的布洞
幼儿排队爬过布洞。

玩法二：车子叭叭叭
幼儿一个在前一个在后开着汽车走。

功能：锻炼幼儿的钻爬能力，发展幼儿的身体协调能力和视觉追踪能力。

功能：培养幼儿的合作意识，发展幼儿走、跑、躲避等能力。

玩法三：小马过河

功能：锻炼幼儿身体平衡能力和协调能力。

成品图片：

特点：外观精美、有趣，操作性强。充分运用无纺布和粘胶的吸附性，粘住飞来的小球，幼儿能自我判断投掷的结果。

玩法：太空投掷盘

幼儿将飞盘挂在与自己身体等高的位置，找适合圆点大小的球体（用太阳、地球、金星、木星等命名）。可根据幼儿年龄调整飞盘高度和距离。

功能：发展幼儿手眼协调能力和前臂大肌肉。

名称：摘树叶

作　　者：曾洪娟　田甜

适用年龄：3～6岁

制作材料：彩色布、棉花、针线、长绳、双面粘贴、剪刀

替换材料：各种颜色的布料

制作步骤：

1. 先将彩色布分别裁成10厘米、12厘米的长条。

2. 将10厘米的长条分成正方形布条，在布条上画叶子形状后剪下。

3. 在一张叶子上缝上阴阳贴。

4. 两张"叶子"为一组缝上。留出小口往里塞棉花后封口。

5. 把12厘米的布条对折成树枝形状缝上3边，在缝好的窄的一头对折留出穿绳子的"小洞"。

6. "树枝"留出一边塞上棉花后缝好。

成品图片：

特点：材料简单、制作方便。

名称：抛接网

作　　者：郭荣珊

适用年龄：4~6岁

制作材料：呼啦圈、布

替换材料：圆形的铁丝圈可以替换呼啦圈，可以用渔网替换布

制作步骤：

1. 将布剪成比呼啦圈稍大的圆形，并将周边撕成细条。

2. 将布套在呼啦圈上，四周用绳子捆住以作固定。

成品图片：

特点： 1. 材料容易收集，制作方法简单。

2. 幼儿可以进行多种组合来活动，耐用、易操作。

玩法一： 单人抛接球

一个幼儿可以自己独自玩抛球、接球，将纸球放在网中间，用力向上抛，再看准接住。

功能： 锻炼儿的手臂肌肉和力量，发展幼儿手眼协调能力。

玩法三： 风火轮

将抛接网直立在地面，用手向前推动，让抛接网像风火轮一样滚动起来，对面的小朋友接住后抛回。

功能： 在发展锻炼幼儿手眼协调能力的同时，也增进了幼儿的合作意识。

玩法二： 双人抛接球

两个幼儿进行相互抛球、接球，一个幼儿先抛出球，另一幼儿用网接球并抛出。

功能： 锻炼幼儿臂力、手眼协调能力及合作能力。

玩法四： 多人合作抛接

三人或多人手持抛接网，合力将球抛向空中，再合作接球。

功能： 锻炼幼儿手眼协调能力及合作能力。

玩法五：顶大盘

幼儿头顶抛接网，双手侧平举，沿直线平衡走，保持身体平衡，头顶的"大盘"不掉。

玩法六：跳圈

幼儿将抛接网摆于地面平放，以跨跳或并脚跳的方式跳过障碍。

功能：锻炼幼儿头部控制物体的能力。

功能：锻炼幼儿跳跃的能力。

玩法七：飞盘

幼儿将抛接网当成飞盘，向远方平扔出去。

功能：锻炼幼儿手臂力量。

名称：会弹跳的水果

作　　者：曾莉

适用年龄：2～6岁

制作材料：海绵、废旧丝袜、各色布料、泡沫纸、针线、水粉颜料和水彩笔

制作步骤：

1. 在各种颜色的布料上画出苹果、梨、西瓜等各种水果的外轮廓线。
2. 将各种水果按轮廓线剪下，将其边缘用针线缝上，在水果的上方留一个小口。
3. 将准备好的海绵从小口放入，直至水果饱满。
4. 将丝袜的头放入水果上的小洞里，再用针线将其缝合。
5. 在各种水果上用水粉进行外观的装饰。

成品图片：

特点：形象生动、趣味性强。

玩法一：摘果子

玩法：将水果挂在幼儿跳起能触碰到的高度，幼儿玩摘果子游戏。

功能：锻炼幼儿纵跳触物的能力和身体平衡能力。

玩法二：跳过水果

将多个水果摆放成排（或其他形状），幼儿根据自己的能力从水果上跳过。

玩法三：抛接水果

幼儿拿着水果用力往上抛，并接住。

功能：练习跳远，锻炼幼儿腿部力量。

功能：锻炼幼儿手臂力量和手眼协调能力。

玩法四：踢毽子

幼儿提着水果，用脚踢，把水果当毽子。

功能：锻炼幼儿腿部的灵活性和身体协调性。

玩法五：捉尾巴

幼儿将水果当作尾巴，一名幼儿拖着尾巴跑，另一名幼儿边跑边去捉尾巴。

功能：锻炼幼儿快速奔跑和躲闪能力，发展幼儿的耐力。

玩法六：按摩球

幼儿拿着水果，挥臂将水果击打自己的身体，起到按摩身体的作用。

玩法七：大转轮

幼儿伸长手臂用力地舞动水果，形成转轮。

功能：锻炼幼儿手臂灵活性和臂部肌肉。

功能：活动幼儿肩周，锻炼手臂灵活性和协调性。

名称：降落伞

作　　者：周隆玉

适用年龄：3~6岁

制作材料：布、瓶盖、弹力细绳、胶泥

替换材料：降落伞伞面可用塑料袋、材质轻薄的布来代替，降落伞绳子可以用毛线绳代替。

制作步骤：

1. 用剪刀将布剪成30厘米×30厘米的正方形作为降落伞面。
2. 用剪刀在瓶盖背面中心位置戳出一个小洞。
3. 用弹力细绳把降落伞伞面的四个角捆好固定。

成品图片：

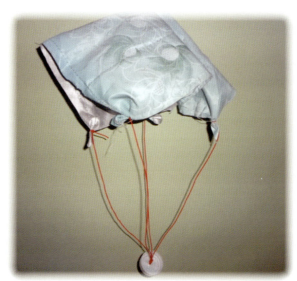

特点：制作材料容易寻找，制作方法简单。小小的玩具里蕴藏了大大的、神奇的科学原理，孩子们在玩的过程中可以了解这个原理。在抛降落伞和拉扯钢绳的过程中也可以锻炼手臂力量。

玩法一：降落伞飘起来

幼儿手持降落伞顶部或者是瓶盖部分，利用手臂力量向上抛。

玩法二：降落伞长长了

幼儿一手拉紧降落伞顶端，一手使劲拉伸伞下细绳，使之拉伸到最长长度。

功能：激发幼儿的探索欲望和好奇心。让孩子观察降落伞降落的过程，从而感知匀速降落的现象。

功能：发展幼儿的手臂力量。

名称：快乐隧道

作　　者：刘颖

适用年龄：3～6岁

制作材料：纸箱、布、呼啦圈

替换材料：纱、铁丝圈、纸块

制作步骤：

1. 将纸箱的任意两面挖出圆形或正方形的洞。

2. 将布缝在呼啦圈上围成一圈。

3. 将缝好的呼啦圈放入纸箱的洞中连接起来成为大山洞。

成品图片：

特点： 色彩丰富有吸引力，能从不同方向进行钻爬，用布做连接通道，趣味性强，能激发幼儿钻爬的兴趣，发展幼儿手脚灵活协调配合的能力。由于布的柔软性还需要幼儿自身控制好钻爬的动作，并在光线较弱的"山洞"里克服畏惧的情绪，勇敢地钻过隧道。

玩法： 快乐钻隧道

给纸箱增加辅助材料布、呼啦圈，通过缝合组装让其变成好玩的大山洞，可以从不同方向进行钻爬活动，让孩子们体验钻爬的乐趣。

功能： 激发幼儿的钻爬兴趣，提高幼儿手脚配合钻爬的能力，培养幼儿顽强的个性品质。

名称：魔法彩石

作　　者：张媛

适用年龄：3～6岁

制作材料：PVC管、各色无纺布、矿泉水瓶、松紧带

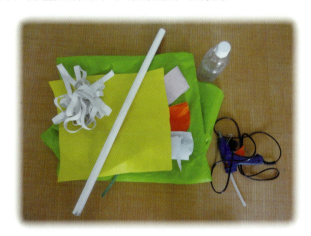

制作步骤：

1. 将PVC管裁成2根长20厘米左右的棍子。

2. 在泉水瓶的瓶盖处打孔，孔直径与PVC管直径一致，并将PVC管插入矿泉水瓶盖中，用胶枪固定。

3. 在矿泉水瓶底部贴上阴阳贴，做好装饰。

4. 将无纺布裁剪成小孩能穿的背心样式，用线缝合成背心。

5. 将无纺布剪成彩色蝴蝶形状，并涂上颜色，在蝴蝶正面及背面用胶枪黏上阴阳贴。

成品图片：

特点：制作简单，材料在生活中很常见，色彩丰富，能根据幼儿年龄特点及时变化玩法，很受幼儿喜爱。

玩法一： 巧取魔法石

利用矿泉水瓶与PVC管制成彩石小棒，可通过跳高取物练习纵跳或者踮脚取物。

功能： 锻炼幼儿身体的平衡能力和手眼协调能力。

玩法二： 追逐乐

幼儿进行躲闪及追逐跑练习。幼儿穿上无纺布制作成的背心，进行追逐跑、躲避障碍物跑等。

功能： 锻炼幼儿身体的灵活性和敏捷性。

玩法三：小刺猬取果子

幼儿穿上无纺布制作的背心，在撒满各种果子图片的地上滚爬，看谁粘上的水果多。

功能：适合小班幼儿练习翻滚和爬行等。

玩法四：击剑

功能：锻炼幼儿的躲闪能力和身体的协调性、平衡性。

名称：有趣的尾巴

作　　者：任怀翠

适用年龄：3~6岁

制作材料：布条

替换材料：毛线和编织带之类的物品

制作步骤：

1. 将布剪成布条。　　　　2. 将布条编成小辫状。　　　3. 两头打上活结。

成品图片：

特点：能合理利用废旧材料进行制作，玩法变化多样，还可根据需要加长、剪短。

玩法一：揪尾巴

把尾巴夹在裤子后边，多个幼儿在指定范围内进行躲避跑，不但要去揪别人的尾巴，还要保护自己的尾巴。

功能：通过躲避跑，发展幼儿动作的灵活度、敏捷性和手眼协调能力。

玩法二：格子跳

用尾巴拼各种不同的格子，并根据年龄特点进行各种蹦跳。

功能：练习蹦跳，锻炼大腿肌肉。

成品图片：

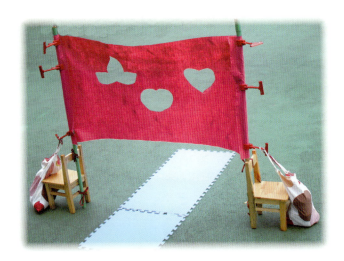

特点： 材料简单、多功能、耐用、易操作，可供多个幼儿同时玩耍。

玩法一： 跳皮筋

　　将挂在竹竿一边的橡皮筋取出，用4个夹子夹住两端。玩跳皮筋游戏。

玩法二： 跳

　　将挂在竹竿一边的橡皮筋取出，用2个夹子夹住两端。幼儿练习跨跳。

功能： 锻炼幼儿腿部力量。

功能： 锻炼幼儿腿部力量。

玩法三：钻

　　将橡皮筋打开用4个夹子夹住，幼儿可以练习侧身钻，钻时不能碰到上下的橡皮筋。

玩法四：抛接球

　　将挂在竹竿一边的大布洞取出，用4个夹子分别夹住两端，幼儿可以分成两组，从布洞的上方、洞里或布洞的下面各个方向进行抛接球。

　　功能：锻炼幼儿侧身钻的能力以及身体的灵活性、协调性。

　　功能：培养幼儿的合作意识，锻炼手眼协调能力，发展臂部肌肉。

玩法五：爬

　　在神奇玩架下面铺上垫子，幼儿练习爬。较小的幼儿可以练习双脚跪爬，较大的幼儿可以练习匍匐前进。高低可根据幼儿能力调整。

　　功能：锻炼幼儿的爬行能力和身体协调能力。

名称：舞狮

作　　者：谢维

适用年龄：3～6岁

制作材料：蛋糕盘、布、布条、笔

替换材料：纸板、小纸盒、泡沫板

制作步骤：

1. 取直径为30厘米的蛋糕盘，用剪刀剪成圆形。2. 用画笔在圆形上画成狮子的头像。
3. 将布与狮子头连接，做成狮子。

成品图片：

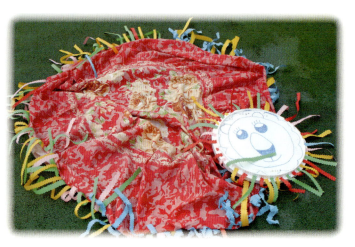

特点： 简单、自由组合且富有传统意义的设计使这一作品具备了开放、趣味等特点。

玩法一：高飞的狮子

幼儿用手托举起狮子，然后用力向上抛，狮子飞起来了，幼儿用双手接住狮子。

玩法二：跑动的狮子

幼儿双手托举狮头，然后自由四散奔跑。

功能：发展幼儿手臂力量和手眼协调能力，萌发幼儿对中国传统文化的认识和兴趣。

玩法三：旋转的狮子

幼儿单手抓住狮子的尾部，转动身体，让狮子旋转起来。

功能：锻炼幼儿手臂力量。提高幼儿手眼协调和身体平衡能力。

玩法四：卧狮

把狮子整个平放地面上，幼儿跳过狮子，可根据跳跃能力，增大布幅，让幼儿跳得更远。

功能：提高幼儿的旋转平衡能力。

功能：锻炼幼儿的跳跃能力。

玩法五：空中狮子

两名幼儿分别拉住狮子头和尾，其余幼儿分别从拉起的狮子身体中间爬过或跳过。（高度可随意调节）

功能：锻炼幼儿的钻爬、跳跃能力。

玩法六：舞狮

一名幼儿双手托举狮子头，三至四名幼儿双手拉住狮子的身体，相互合作舞狮。

功能：培养幼儿的合作意识。

名称：大嘴哈哈哈

作　　者： 陈静

适用年龄： 4~5岁

材　　料： 废旧油桶、报纸、卡纸、胶水、剪刀

替换材料： 大饮料瓶、水桶、篮子、纸箱

制作步骤：

1. 选择大小适合、干净的废旧油桶。
2. 将瓶身的下半部分剪去作为投掷口并装饰。
3. 将废报纸揉搓成大小合适的纸球并用彩纸包裹，做成彩球。
4. 剪出各种形状颜色的花朵若干。

成品图片：

特点： 此玩教具由废旧油桶制成。瓶顶做成了各种动物的头部外形，瓶身有一个大的动物的嘴巴，不仅美观，而且可供幼儿进行取放和投掷。

玩法一： 好吃的花朵

幼儿自选喜欢的花朵。根据花朵上的数字对应送入大嘴哈哈哈的大嘴里。

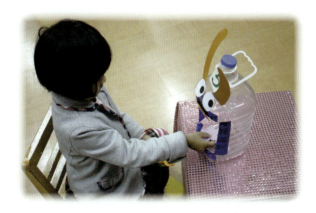

功能： 锻炼幼儿手眼协调和进行物体对应练习，培养幼儿数物对应的能力。

玩法二：看谁投得准

幼儿选择不同颜色的纸球，将纸球抛入大嘴哈哈哈的肚子，进行投准练习。

功能：锻炼幼儿手眼协调能力和目测能力。

名称：好玩的桶

作　　者：陈婷婷

适用年龄：4～6岁

制作材料：塑料桶、竹竿

替换材料：竹竿可替换成PVC管

制作步骤：

1. 在两个油桶身上按一定距离打出三个高低不同的孔。2. 将竹竿或PVC管插在两个桶之间。

成品图片：

特点：材料及制作方法简单易寻找，方便幼儿自行组装并进行活动。

玩法一：跨栏
根据桶身上不同高度的孔随意升降竹竿的高度，幼儿从上面跨跳过去。

玩法二：跳跃
可根据桶身上不同高低的洞随意升降竹竿的高度，增加辅助材料。

功能：训练幼儿腿部肌肉，锻炼幼儿的爆发力和跳跃能力，锻炼胆量，增强自信心。

功能：发展幼儿双脚并拢跳的能力。提高腿部力量和弹跳性，发展幼儿动作协调性和身体平衡性。

名称：多功能瓶架

作　　者：何苗

适用年龄：3～6岁

制作材料：矿泉水瓶、色拉油桶、PVC管、沙子、气球、羽毛球拍、羽毛球、皮球、纱布

替换材料：木架、网格子布、纸球

制作步骤：

1. 取2个色拉油瓶子，在侧面打洞。取20个矿泉水瓶子，在底部和侧面打洞。

2. 切割出3根120厘米长的PVC管。用PVC管把矿泉水瓶串起来。

3. 将串联好矿泉水瓶的PVC管插入装满沙的色拉油桶。

成品图片：

特点：此玩教具充分利用废旧瓶子，取材方便，自作简单；可根据幼儿的跳跃能力适当调整高度，适应不同能力的幼儿。

玩法一：跨过障碍物

调节横杆的高度，幼儿从杆上跳（跨）过。

功能：锻炼幼儿跳跃的能力；发展幼儿肢体协调能力和平衡能力，增强动作的灵活性；帮助幼儿克服恐惧感，使其更加勇敢和自信。

玩法三：走窄巷子

将瓶架竖着摆放成窄巷子，幼儿练习侧身在小路中间行走。

功能：锻炼其平衡能力，培养幼儿相互间的合作及自身的判断能力。

玩法二：钻山洞

通过调节横杆的高度，适合不同年龄段幼儿练习钻爬前进。

功能：锻炼其手臂、腿部的力量，增强幼儿动作的协调性；发展其目测高矮的能力。

玩法四：踢足球

将瓶架做成球网，幼儿站在球网两边，用脚将球踢过球网。

功能：增强幼儿下肢动作的协调性及身体平衡能力。

玩法五：打排球

幼儿分成两队，分别站在排球网的两端，一端幼儿用手将皮球抛过排球网，另一端幼儿双手准备接抛过来的球。

功能：增强幼儿手臂和腿部力量；锻炼手腕关节，提高动作的准确性和身体的灵敏度；发展幼儿跑跳能力和合作能力。

玩法六：打羽毛球

幼儿分成两队站在球网的两端，手拿羽毛球拍，一端幼儿将羽毛球拍过去，另一端幼儿接住球并拍回去。

玩法七：抛接气球

幼儿练习抛接气球。

功能：增强幼儿的合作能力，锻炼幼儿手眼协调、身体平衡、灵敏反应等能力。

功能：锻炼幼儿抛接球、拍打、投掷的能力，增强幼儿合作意识。

名称：好玩的瓶子

作　　者：王晓丽

适用年龄：4~5岁

材　　料：奶粉桶、油桶、各种饮料瓶、易拉罐

辅助材料：棍子、胶带、沙、绳子、皱纹纸、球

特点：材料易于收集。利用各种瓶类材料，幼儿可自由地创造性地开展户外体育活动，给孩子们的户外活动增添了无穷的乐趣。

玩法一：滚瓶子

用手、脚、腿滚动易拉罐、奶粉桶，可以一人玩，也可以两人或者多人一起玩。

功能：在尝试、创新滚瓶子的游戏中，幼儿的平衡能力、合作能力、手脚的力量和灵活性得到增强。

玩法十：打棒球

用一个稍长稍大的瓶子去击打小而轻的瓶子，看谁打得远（或高）。

玩法十一：运东西

在油桶里装满沙或土，幼儿一人运东西或者两人合作抬东西。

功能：锻炼幼儿手臂力量和手眼协调能力，发展幼儿目测力和动作的灵敏度。

功能：幼儿肩部力量得到锻炼，合作能力得到增强。

玩法十二：滚地龙

在场地上画一个半径为绳长的圈，再在里面画一个小圈，一名幼儿手执一个拴线的瓶子站在小圈里，另一名幼儿站在大圈外同样手执瓶子在地上滚动瓶子去碰触对方，谁被碰到谁就输了。

功能：锻炼幼儿手眼协调能力和躲闪能力，培养幼儿规则意识。

玩法十三：过小河

将各种瓶子摆放成小河的样子，开展过小河的游戏。

功能： 通过过小河的游戏锻炼幼儿平衡能力；克服恐惧，锻炼胆量，培养自信心。

名称：滑板车

作　　者： 徐红波

适用年龄： 4～6岁

材　　料： 洗涤剂壶、木轮、筷子、PVC管、即时贴、绳子

替换材料： 车身可以用硬纸盒代替，轮子可以用定向滑轮或废旧的玩具车轮，PVC管可用木棒代替

制作步骤：

1. 将10升的洗涤剂壶底部打四个比轮子大一点的洞，再在两个洞之间打四个小孔。

2. 在另一面的前方居中处打一个比PVC管稍大一点的孔，再在底部装上轮子。

3. 用即时贴包装瓶身和PVC管。在PVC管的上端绑一根横着的PVC管做把手。

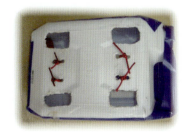  

成品图片：

特点：洗涤剂壶不易变形，比较结实，幼儿站上去不易坏，方便幼儿玩耍。

玩法：骑滑板车

孩子们可以单人骑，也可以和小朋友一起比赛，增加游戏的趣味性和竞争意识。

　　功能：锻炼幼儿动作灵活性和身体协调性；幼儿通过腰、臀及双脚的扭动锻炼肌肉，增强身体平衡能力，同时提高幼儿反应速度。

名称：多功能火箭船

作　　者：赵国庆

适用年龄：5~6岁

材　　料：5升的油壶或饮料瓶、布条、松紧带

替换材料：小牛奶箱

制作步骤：

制作方法一：

1. 把油壶从中间划开，用布条包装瓶沿，避免划伤幼儿。
2. 在瓶底打两个小孔，用布条把两个半边瓶子连起来。
3. 再在瓶身上划口，在上面穿上松紧带，起到固定脚的作用。

制作方法二：将两个油壶连接起来，增加难度。

特点：制作简单，玩法多样，可多个组合。

玩法一：穿大鞋

取一对火箭船，幼儿穿着大鞋协调走。

玩法二：两人同步走

两名幼儿穿大鞋同步向前走。

功能： 增强幼儿身体平衡能力。

功能： 增强幼儿合作及身体协调能力。

玩法三：运物

在火箭船里装上沙子，增加船的重量，幼儿提着或抬着走。

功能： 训练幼儿臂力及幼儿合作抬重物的能力。

名称：滚滚车

作   者：李甜甜

适用年龄：3岁

材   料：奶粉筒、铁丝

替换材料：饮料瓶、绳子、乒乓球

制作步骤：

1. 将奶粉桶的顶部和底部分别打好小洞。
2. 将铁丝穿入洞口，作为把手。

成品图片：

特点：轻巧，便于幼儿自己拿放；材料的选择做到废物利用，使设计的玩教具经济实惠，操作简便，具有推广和普及的价值。

玩法：小小轧路工

功能：幼儿能进行推、拉等游戏，锻炼幼儿手臂力量，提升手眼协调能力，增强自身动作协调性，体验游戏的快乐和获得满足感。

名称：多功能拉力器

作　　者：肖学如

适用年龄：4～6岁

制作材料：矿泉水瓶、橡皮筋、"爽歪歪"饮料瓶、洗衣机排水管、彩色条

替换材料：洗衣机排水管可用PVC管替换

制作步骤：

1. 先用剪刀在"爽歪歪"饮料瓶的瓶底打一个洞。

2. 将橡皮筋从洗衣机的排水管和饮料瓶中穿过，并打上结。

3. 再用橡皮筋系在矿泉水瓶的中间，打上死结。

成品图片：

特点：除了练习拉，还可将其立放或倒放在地面上，供幼儿进行跳、跨、投掷等活动。

玩法一：跳高
摆成一排，进行跳高和跨跳。

玩法二：打门球
拉力器当门洞，把球打进去。

功能：发展幼儿的大腿肌肉和身体的协调性，锻炼幼儿平衡力。

功能：可以锻炼幼儿的手臂力量和手眼协调性。

玩法三：大力士

幼儿双手握住拉力器的两端，用力拉。

功能：发展幼儿的手臂、腰部力量和抓握能力，各种姿势的变换也可激发幼儿的想象力。

名称：瓶子火箭

作　　者：张清

适用年龄：3～6岁

材　　料：布、即时贴、矿泉水瓶

制作步骤：

1. 先剪好所需的布条。
2. 然后将布条粘贴到瓶尾处。
3. 最后用即时贴装饰瓶身，整个瓶子火箭就完成了。

成品图片：

特点：简单、一物多玩、操作方便、趣味性强。

玩法一：小火箭

将瓶子火箭用手托起，瓶口向上用力掷出，火箭飞起来了。

玩法二：火箭转转

手拿瓶子火箭朝一个方向转动。

功能： 锻炼幼儿臂力和手眼协调能力。

功能： 锻炼幼儿手腕灵活性和身体平衡能力。

玩法三：跳跃火箭

把火箭平放地面上，幼儿跳过一个个瓶子火箭。

玩法四：火箭传递

两位幼儿面对面相互抛接瓶子火箭。

功能： 锻炼幼儿的跳跃能力和腿部力量，培养幼儿的运动兴趣。

功能： 锻炼幼儿的抛接能力，增强幼儿合作能力，发展幼儿手眼协调能力。

名称：舞龙

作　　者：郭林

适用年龄：4～6岁

制作材料：5升的油壶、粗橡皮筋、闪光纸、红色废旧的横幅、PVC管、报纸、卡纸

替换材料：矿泉水瓶

制作步骤：

1. 在5升的油壶底部和瓶盖上扎孔，用彩纸包装瓶身和PVC管。
2. 用粗的橡皮筋把瓶子连起来。
3. 将横幅或纸片剪出云状并黏贴在瓶身上，用彩色的卡纸剪出龙的头型黏贴在第一个瓶身上。

成品图片：

特点：材料容易寻找，比较结实，可以任意的拆卸和安装，幼儿操作方便；每个幼儿对应一个瓶子，幼儿间可以任意的造型；橡皮筋可以任意地拉长，方便孩子们活动。

玩法：舞龙

功能：锻炼幼儿的臂力、手腕的灵活、手眼协调、腿部力量和身体的平衡，同时培养孩子的合作能力和集体意识；发展注意力，培养想象力和创造力。

名称：旋转瓶

作　　者：杨柳

适用年龄：3~6岁

材　　料：饮料瓶、激光纸

替换材料：废旧纸盘、可乐瓶等

制作步骤：

1. 将饮料瓶洗干净后，将瓶身分成两部分，取瓶子的上部分。
2. 把瓶子的上部分剪成花瓣形状。
3. 将两个瓶子瓶盖向外，叠在一起并用激光纸缠在一起。

成品图片：

特点：既可在户外做投掷类的体育器械，也可在室内作为动手操作的玩教具。

玩法一：旋转小瓶
幼儿用手握住瓶盖部分，用手腕转动瓶子，使瓶子旋转。

功能：锻炼幼儿手臂力量及手腕的灵活性。

玩法二：会飞的瓶子

幼儿用手握住瓶子，利用手臂力量挥动瓶子，将瓶子扔出去。

玩法三：找花心

将所有的瓶盖拧开，让幼儿把相同颜色的盖子盖在瓶子上面，给它配上相同的花心。

功能： 锻炼幼儿的手臂力量。

功能： 发展幼儿精细动作，训练幼儿的手眼协调能力及手指的灵活性；锻炼颜色识别能力。

名称：摇摇乐

作　　者： 李甜甜

适用年龄： 2~6岁

制作材料： 饮料瓶、绳子、乒乓球

替换材料： 废旧鞋盒、绳子、乒乓球

制作步骤：

1. 将瓶子宽的一面开一个大口。
2. 用绳子固定在瓶子两边。

成品图片：

特点：轻巧，便于幼儿自己拿放。

玩法一：快乐"舞蹈"

将瓶子捆于腰后，然后通过腰部的甩动或者跳跃使瓶子里的乒乓球掉出来。

功能：锻炼幼儿身体协调能力，发展幼儿腰部、腿部力量，培养解决问题的能力。

玩法二：装"果子"

两名幼儿各扶住瓶子一端，另外一名幼儿在一定距离内将乒乓球投入饮料瓶内。

功能：锻炼投掷能力和注意力；建立并发展同伴关系，培养合作精神。

名称：弹力响球

作　　者：陈江林　窦婴

适用年龄：4～6岁

材　　料：空饮料瓶、豆子、橡皮筋

制作步骤：

1. 用剪刀将饮料瓶上半部分剪去，留下瓶身，并将松紧带固定在瓶子底部。
2. 将适量黄豆倒进饮料瓶瓶身。
3. 用胶布将两个瓶身封闭起来。

成品图片：

特点：简单易制。

玩法：弹力响球

幼儿可以进行抛、接、滚、踢动作的练习，可以单独或合作进行游戏。

功能：锻炼幼儿的手部肌肉和脚的灵活性，锻炼眼部与脚部、眼部与手部的身体协调能力和平衡能力；培养幼儿合作精神和竞争意识，发展幼儿的听觉辨别能力。

名称：竹节虫

作　　者： 陈小玥

适用年龄： 2～3岁

制作材料： 瓶子、尼龙绳、豆子

制作步骤：

1. 将瓶盖和瓶底打好孔，孔的位置要一致。

2. 将豆子装入5个瓶内。

3. 将尼龙绳穿过这5个瓶子。前后打好节，以免瓶子滑动。

成品图片：

特点： 利用瓶子的外形特征，制作生动形象的竹节虫，加上会发出响声的特点引起幼儿兴趣；幼儿可进行拖拉、跳跃等玩法，一物多玩。

玩法一： 快乐的竹节虫

幼儿拖拉竹节虫变换走跑的方式。

玩法二： 跳越竹节虫

将瓶子横着摆放和竖着摆放，让幼儿尝试从不同高度跨跳。

功能： 幼儿通过拖拉竹节虫，可以练习拖拉的动作，增强手臂的力量；同时变换走、跑等动作，感受速度变化带来的快乐。有趣的外形和拖拉时发出的声音也可以培养幼儿的想象力和听觉能力。

功能： 将竹节虫作为障碍物，让幼儿练习越过障碍物，增强腿部力量，发展腿部肌肉的柔韧性和身体的平衡性。

名称：转跳乐

创作教师：赵国庆

适用年龄：5～6岁

制作材料：PVC管、小球、绳子

替换材料：老酸奶盒

制作步骤：

1. 把PVC管两头钻孔。
2. 将圆形瓶盖或小球（可以灵活转动的小物体即可）固定在PVC管的一端。
3. 在PVC管的另一端拴上绳子。

成品图片：

玩法：转跳

将"转跳乐"套在幼儿脚脖处，在转动时另一只脚从"转跳乐"上跨过。

功能：锻炼幼儿腿部肌肉和跳跃能力，发展幼儿身体的灵活、协调及平衡能力，培养幼儿良好的节奏感。

名称：车轮滚滚

创作教师： 周静

适用年龄： 4～6岁

使用材料： 纸箱、闪光纸、透明胶

制作步骤：

1. 将纸箱拆开。
2. 用透明胶将2～3个纸箱连接成纸圈。
3. 在纸圈外面贴上闪光纸。

成品图片：

特点： 可供多名幼儿同时活动，看似平常的纸箱，将它们巧妙的连接成纸圈就会给孩子带来无穷的乐趣；还可以在纸箱的外面贴上闪光纸，不但美观还能防水。

玩法一： 齐步走

两名或多名幼儿站立在纸圈里，后面的幼儿将纸圈往前送，排头的幼儿将纸圈往前拉，同时迈步走，幼儿齐心协力配合使得纸圈向前滚动。

功能： 锻炼幼儿手臂肌肉，发展幼儿身体协调能力，培养幼儿合作意识。

玩法二：坦克车

两名或多名幼儿趴在纸圈里，手脚并用共同向前爬行。

功能：锻炼幼儿四肢的灵活性，增强幼儿间的合作能力。

玩法三：地鼠滚

多名幼儿躺在纸圈里（这样有利于节约纸圈空间，可以容纳更多幼儿活动），往同一个方向滚动身体，使纸圈快速滚动起来。

功能：锻炼幼儿身体的灵活性，促进幼儿的合作能力及方向感。

玩法四：跳圈

提供不同宽窄纸环，把纸圈放在地上，幼儿跳出跳进。可根据需要选择纸环。

功能：发展幼儿腿部力量。

玩法五：开小车

几个幼儿站在纸环内，双手抓住纸环，玩开小火车游戏。

功能：培养幼儿团结合作能力。

名称：大车轮

作　　者：刘颖

适用年龄：3～6岁

材　　料：牛奶盒、塑料瓶、铁丝、透明胶

替换材料：奶粉罐、鞋盒等

制作步骤：

1. 先将牛奶盒两面的盖子剪掉，留下盒心。
2. 将牛奶盒子一个一个地重叠起来围成一个圆形的车轮。
3. 用透明胶将其粘一圈，以稳固大车轮。

成品图片：

特点：材料易收集，制作方法便捷。

玩法一：滚动的车轮

将车轮立起来，手脚配合推动起来，体验车轮滚动的乐趣，可根据幼儿能力调节滚动的速度。

玩法二：好玩的山洞

幼儿可以通过弯腰低头屈膝的方法钻或者爬行过山洞，体验过山洞的游戏乐趣。

功能： 提高幼儿身体的协调性和平衡性。

功能： 提高身体的协调性和灵活性。

玩法三：快乐跳圈

将车轮倒放在地上，可以用单脚跳或者双脚跳等方式来进行。

玩法四：快乐过桥

将其倒放在地上连续摆放，幼儿可以以平衡走的方式进行过小桥的游戏。

功能： 增强幼儿的腿部肌肉力量，提高幼儿的跳跃能力和水平。

功能： 锻炼幼儿的胆量，提高身体运动的协调性和平衡性。

名称：过小桥

作　　者：甘立锐

适用年龄：2～3岁

材　　料：废旧鞋盒、即时贴、剪刀

替换材料：各种能放得下2～3岁孩子脚的废旧纸盒、泡沫塑料盒等

制作步骤：

1. 将即时贴剪成脚印形状。
2. 将剪好的即时贴贴在鞋盒盖内。

成品图片：

特点：具有可变性、操作性、趣味性、灵活性，选材方便，可自由组合、任意摆放。

玩法一：过桥

用做好的纸盒摆成直线或曲线，幼儿一步一步地走过每个盒子。可根据幼儿的能力发展和年龄特点将盒子间的间隔距离进行调整。

玩法二：乌龟爬

将纸盒摆成双条直线或曲线，幼儿手脚交替对应每个盒子向前爬行。

功能：提高幼儿跨步走的能力和协调性。

功能：发展平衡能力和动作的灵活性。

名称：动物大鞋

作　　者：周隆玉

适用年龄：2~3岁

制作材料：牛奶盒、动物图片（每种图片有两个相同的）、透明胶带、剪刀

替换材料：鞋盒

制作步骤：

1. 将牛奶盒四周的可折叠纸板向牛奶盒内部折叠进去，将其隐藏起来；并用胶带将盒子外部四周全部粘贴好。

2. 将动物图片放置在鞋盒上，用胶带粘贴，将其固定。

3. 按照步骤1、2重复一次，再将另一个相同的动物图片粘贴至另一个盒子上，一对动物大鞋即做成功。

成品图片：

特点： 1. 制作材料易寻找。

2. 制作方法简单。

3. 成品美观，使用安全。

4. 具有趣味性、操作性，可自由组合。

玩法一： 动物大鞋向前走

幼儿自由选择一对大鞋（相同动物图片的），双脚分别放进两只大鞋内，双脚交替自然向前行走。

功能： 发展孩子身体协调能力，培养孩子挑战困难的品质。

玩法二： 过沼泽

将场景设置为沼泽地的游戏场景，请幼儿选择一对动物大鞋，幼儿利用两只动物大鞋交替更换向前行进。

功能： 发展了平衡能力和身体协调能力。

玩法三：过小桥

请幼儿将大鞋依次排队，排成一条直线，可以是紧凑排列，也可以是间隔排列，或者将大鞋反过来摆放成任意形状，多名幼儿排队依次双脚交替跨越通过小桥。

功能：培养幼儿的想象能力，幼儿通过小桥时发展其腿部跨越能力。

玩法四：跳格子

幼儿将大鞋翻面，将大鞋封闭的一面朝上。自由摆放成各种形状，要求每两只大鞋之间有一定的间隔距离，孩子们练习双脚立定跳过大鞋。

功能：发展幼儿的跳跃能力，提高幼儿全身的协调性。

名称：老虎喂食

作　　者：曾欢欢

适用年龄：3～6岁

材　　料：黄色、黑色卡纸、纸箱、木桩

制作步骤：

1. 用黄色卡纸制作老虎头底板，用黑色的卡纸制作老虎纹，将纸箱包装好做老虎的肚子。

2. 把老虎头和肚子合在一起，固定在木桩上，以方便移动到不同地方进行投掷的活动。

成品图片：

特点：外形像老虎，情景性、趣味性强，方便移动。

玩法：给大老虎喂食

幼儿站在一定距离外，将纸球作为老虎食物，向老虎嘴巴进行投掷。

功能：增强幼儿投掷的技巧，锻炼幼儿手眼协调能力和手臂力量及灵活性。

名称：巧玩纸盒

作　　者： 申晓燕

适用年龄： 4～6岁

材　　料： 多种接球器（纸盒、簸箕或者油桶）、闪光纸、卡纸、双面胶、报纸

替换材料： 小筲箕、塑料小桶

制作步骤：

1. 将废报纸裹成球状，外面用闪光纸包裹并用透明胶固定即可。
2. 将小筲箕、纸盒、小塑料桶用彩带装饰一下，在边缘系上两个铃铛。

成品图片：

特点： 选材方便，可自由组合、任意摆放。

玩法一： 单人抛接球

幼儿双手持接球器于胸前，一只手将彩球向上抛出，然后用接球器接住彩球。

功能： 可锻炼幼儿的手眼协调和反应能力。

玩法二：抛接乐

一名幼儿手持纸球投向对方，另一名幼儿用接球器接住。

功能：锻炼幼儿的手臂力量，提高手眼协调能力。

玩法三：摇摇乐

将彩球放于接球器内，不断摇晃接球器。

玩法四：跳盒子

幼儿采用多种跳跃方式跳过障碍物。

功能：锻炼幼儿手臂力量和对球的控制能力。

功能：锻炼下肢力量，增强身体协调性。

名称：台球

作　　者： 徐红波

适用年龄： 3～6岁

材　　料： 长方形月饼盒、鞋袋、卡纸、筷子、珠子

替换材料： 珠子可以用乒乓球或其他圆形物体代替，筷子可以用小棒代替

制作步骤：

1. 在月饼盒的四个角和长边的中间分别打一个乒乓球大小的洞。

2. 在洞底粘好用鞋袋布剪好的圆形，形成一定的空间。

3. 再把卡纸剪成与盒子底部一样大小，并在卡纸四角也对应剪好洞口，再把它粘贴在盒子的底部。

成品图片：

特点： 打台球是成人的活动，但幼儿玩打台球可以锻炼幼儿的手眼协调和打准的能力。由于成人台球桌面太大，而幼儿的身高不够，因此常常是望尘莫及。因此设计了浓缩型的台桌。幼儿操作方便，可以任意摆放，适合两个孩子玩耍。

玩法：打台球

功能：锻炼幼儿手腕的灵活性和手眼协调的能力。

名称：套圈

作　　者：陈楠

适用年龄：4～6岁

材　　料：纸盒、塑料瓶、圈

替换材料：木块、木棍

制作步骤：

1. 把纸盒剪1～2个洞。2. 把塑料瓶放进洞中。

成品图片：

特点：选材容易、制作简单。

玩法：套圈

拿着圈站在塑料瓶一段距离处，然后把圈扔出去套在塑料瓶上。

　　功能：根据柱体从细到粗的多种选择，幼儿可以从易到难，培养幼儿动作的准确性、目的性及手眼协调能力。

名称：小火车

作　　者：曾凡新

适用年龄：3～6岁

材　　料：废旧纸箱、包装纸、剪刀

制作步骤：

1. 先将纸箱剪空。
2. 用包装纸将箱子包装好做成火车。

成品图片：

特点：利用废旧材料，取材方便、制作简单，幼儿感兴趣，具有趣味性和可操作性。

玩法一：小火车呜呜叫

两名幼儿钻进车身里，一起开火车。

功能：发展孩子的合作和协调能力。

名称：纸板变变变

作　　者：申晓燕

适用年龄：3～6岁

材　　料：纸箱、闪光纸、透明胶

制作步骤：

1. 将纸箱的侧面割开，展成一样宽窄的长方形纸板。
2. 将箱口和箱底去掉，然后用闪光纸将纸板两面包裹起来，彩色纸板就做成了。

成品图片：

特点：简单、轻便、安全，易于幼儿操作和玩耍；简单的、低结构的彩色纸板可与其他材料进行自由组合，一物多玩；在玩耍中，幼儿的平衡、跳跃、爬行等运动经验和合作能力斗能得到较好发展。

玩法一：独木桥

　　宽窄、长短不一的彩色纸板，幼儿按一定顺序（由宽到窄，宽窄变换）摆放，幼儿既可在上面走，也可在彩色纸板两侧走。

功能：锻炼幼儿的协调性和身体平衡能力。

玩法二：跳栅栏

彩色纸板横着摆放，也可与奶粉桶或者其他材料组合，生成具有挑战性的不同高低水平的跳板。

功能：增强幼儿的下肢力量，提高上下肢的协调性。

玩法三：过山洞

彩色纸板放在奶粉桶上，幼儿在纸板下用不同的方式爬过小山洞。

功能：提高爬行技能，锻炼幼儿身体协调性。

玩法四：同舟共济过小河

4~5个幼儿一组，用两块彩色纸板当小船，首先所有的幼儿站在一块纸板上，然后一个跟着一个走上另一块纸板，最后一名幼儿将后一块纸板向前面的幼儿传送，排头的幼儿将纸板平铺在前，幼儿继续过河。

功能：增强幼儿的合作意识能力，锻炼幼儿的平衡能力。

玩法五：开火车

4~5个幼儿一组，将彩色纸板举过头顶，一起前进，跨过各种障碍物。

功能：锻炼幼儿的上下肢协调性和与人合作的意识，增强团队合作能力。

名称：打地鼠

作　　者：周焱菊

适用年龄：3～6岁

材　　料：废旧蛋糕盒、废旧饮料瓶、闪光纸、纸板、卡纸

制作步骤：

1. 将蛋糕盒挖出4个对称的洞。
2. 将废旧饮料瓶用闪光纸包装好。
3. 用闪光纸将纸板包装一下，贴上用卡纸制作的老鼠图片。

成品图片：

特点： 材料轻便、环保，制作方便；操作性强，玩耍时不受场地限制，深受幼儿喜欢。

玩法： 打地鼠

两个小朋友合作玩耍，一个控制老鼠，一个用瓶子打老鼠，看看谁反应快。

功能： 锻炼幼儿的反应能力及手眼协调能力。

名称：百变彩棍

作　　者：田甜

适用年龄：3～6岁

材　　料：细铁丝、各色无纺布、剪刀、夹钳、缝衣针、线

替换材料：铅丝、雨伞布等

制作步骤：

1. 用夹钳夹50～130厘米长的铁丝多根。

2. 用剪刀剪好长50～130厘米、宽3～5厘米的无纺布条（可根据铁丝的实际长短剪），然后对折做成装铁丝的套，两端栓上布条供连接。

3. 把铁丝装入布套。

成品图片：

特点：简单、自由组合、任意拆装的设计使这一玩教具具备开放、多元、趣味等特点。

玩法一：飞碟

将一根彩棍首尾相连，制作成圈，像飞碟一样向前、向上进行抛接游戏。

抛　　　　　　　　　　　　　　　投掷

功能：锻炼幼儿手臂力量和手眼协调性。

玩法二：看谁转得久

将一根稍短的彩棍首尾相连，制作成圈，幼儿用大拇指、食指、中指捏住，转动手指，使圈旋转。

玩法三：看谁滚得远

将一根稍短的彩棍首尾相连，制作成圈，幼儿用力使圈向前滚动。

功能：发展幼儿手部小肌肉和锻炼手指的灵活性。

功能：锻炼幼儿手臂灵活性和协调性。

玩法四：看谁拖得远

幼儿拖着圈快速地向前跑，也可以在圈里放皮球，控制皮球不滚出去。

功能：拉动圈跑可以增强幼儿的游戏性和趣味性，锻炼幼儿奔跑的能力。

玩法六：开火车

幼儿每人钻进一个圈里玩开火车游戏。

功能：培养幼儿团结合作意识。

玩法五：套圈

将两三根彩棍盘成蛇形，再用几根彩棍做成环，玩套圈游戏。

功能：幼儿练习投准，锻炼幼儿的手眼协调能力。

玩法七：篮筐

制成篮筐，幼儿练习投篮。

功能：锻炼幼儿手眼协调能力。

玩法八：跨栏

将彩棍做成适合幼儿高度的栏杆，幼儿练习跨栏。

玩法九：跳圈

将彩棍做成各种几何图形，幼儿玩跳圈游戏。

功能：发展幼儿的腿部力量，锻炼幼儿的弹跳能力和维持平衡能力。

功能：幼儿在跳跳走走中，锻炼了腿部力量和平衡能力，并进一步认识了图形。

玩法十：钻山洞、滚

用多根彩棍连接搭成山洞，可根据幼儿的需求调整山洞的长度和高度，钻过山洞后还可供幼儿玩车轮滚滚的游戏，山洞立起来可以做成篮筐供幼儿投球。

功能：锻炼幼儿钻爬能力和手部的灵活性、协调性。

玩法三：跳一跳

请小朋友跳起来，摸一摸鱼竿上的小鱼。

功能： 锻炼幼儿的跳跃能力以及手眼协调能力。

名称：踩老鼠

作　　者： 陈小玥

适用年龄： 2~3岁

材　　料： 老鼠图片、布条、夹子

替换材料： 各种长绳来做尾巴

制作步骤：

1. 制作老鼠图片，图片过塑剪好形状。

2. 布条编成长长的辫子状。

3. 布条夹上夹子以便连接图片。

成品图片：

特点：有趣的外形让孩子们参与游戏的积极性很高，幼儿踩住老鼠后老鼠会自动脱落，增强幼儿的成就感。

玩法一：踩老鼠

两人一组，一人拉住头部一端在前面跑动，另一人在后面追逐去踩老鼠的尾巴。

功能：让幼儿在走、跑等变换的速度中追逐目标物，增强幼儿的肢体协调能力。

玩法二：添尾巴

功能：幼儿练习粘贴老鼠尾巴，同时锻炼手眼协调能力和手部小肌肉。

2. 四名幼儿一起用力向上抛起篮球，再把篮球接住。

功能：锻炼幼儿的手眼协调性、相互合作意识。

玩法二：摇摇乐

把乒乓球放入篮子中，两名或多名幼儿一起拉着橡皮筋，将篮子中的乒乓摇出来。

功能：锻炼幼儿团结协作的能力和发展幼儿的手臂肌肉。

名称：弹力球

作　　者：张媛

适用年龄：3～6岁

材　　料：长6～10厘米的竹筒或卷纸筒芯、橡皮筋4根、剪刀

替换材料：圆柱体的酸奶盒、竹筒

制作步骤：

1. 将卷纸筒芯或竹筒打四个对称的小孔。
2. 将橡皮筋穿过四个小孔并打结。
3. 乒乓球放入卷纸筒芯或竹筒中，拉橡皮筋，球可以弹出。

成品图片：

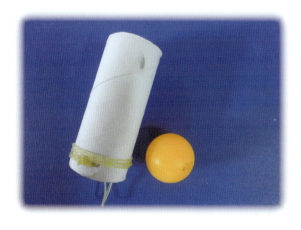 

特点： 经济实惠、操作简便，具有推广和普及的价值。

玩法一：蹦蹦乐

孩子将乒乓球弹出后，追逐乒乓球，可将乒乓球接住后再次弹出，玩耍时随意性很强。

玩法二：发射先锋

两个孩子合作，一个孩子弹射乒乓球，对面一个孩子用篮子接住小球。

功能： 锻炼幼儿手指协调性和奔跑能力。

功能： 锻炼幼儿手眼协调能力。

名称：多功能·小碗球

作　　者： 田甜　曾洪娟

适用年龄： 3～6岁

材　　料： 塑料小碗、透明胶、铃铛、彩色即时贴

制作步骤：
在两个塑料小碗内放入铃铛，用胶把两个小碗相对粘接好。

成品图片：

特点： 材料简单、制作方便，使用范围广，使用年龄跨度大，操作性强，美观实用。

玩法：

抛接

投掷

滚

旋转

踢

功能：发展幼儿的臂部、腿部肌肉和力量。

名称：飞盘

作　　者：马倩云

适用年龄：3～6岁

材　　料：蛋糕盒底座、包装绳

替换材料：草编圆垫、泡沫地垫、纸板、毛线或彩色丝带

制作步骤：

在蛋糕盒底座边沿钻洞，将包装绳剪成适当长度，绑在蛋糕盒底座周围，把包装绳撕成丝状，并在蛋糕盒上装饰漂亮的图案。

成品图片：

特点：易于制作，适合不同年龄阶层幼儿使用，具有开放性、趣味性。

玩法一：掷飞盘

多人同时将飞盘掷出，飞盘落地距离远者获胜。也可以一人抛另一人接。

玩法二：车轮滚滚

将飞盘竖置于地面，用手向前推，使飞盘滚动。滚出距离远者获胜。

功能：锻炼幼儿手臂力量和手眼协调能力。

功能：锻炼幼儿手部的灵活性和控制物体的能力。

玩法三：戴帽子

将飞盘顶在头上，保持平衡从起点走到终点。

头顶飞盘保持平衡，在平衡木或者梅花桩上行走。

功能： 培养幼儿平衡能力和协调能力，激发幼儿参加体育活动的兴趣，增强幼儿体质。

名称：核桃飞机

作　　者：陈婷婷

适用年龄： 4~5岁

材　　料： 核桃、小木棒、毛线、胶水

制作步骤：

1. 核桃一个、竹签一根、竹片一小节、细线一节，把核桃分成两半取出里面的果实，再分别在两边打洞。

2. 竹片固定在竹签上，串一半核桃壳，再固定细线串上另一半核桃壳。

3. 将两半核桃壳合在一起固定即可。

成品图片：

特点：利用贴近幼儿生活的核桃制作，孩子更感兴趣，给孩子们提供了较大的想象空间。

玩法：核桃飞机

把线卷进核桃里，使劲一拉线，核桃上的竹片就会飞起来。

功能：培养幼儿手部的灵活性、协调性。

名称：溜溜扣

作　　者：陈静

适用年龄：4~5岁

材　　料：大号纽扣、毛线

制作步骤：

1. 将线剪成适合本班幼儿玩耍的长度。2. 把线穿过对角线的扣眼。3. 连接线头。

成品图片：

特点：利用废旧的扣子和毛线绳制作，取材容易，简单易制。

玩法：好玩的溜溜扣

1. 幼儿拉住溜溜扣两边的线头。2. 手腕均匀用力向外转动。3. 向两边拉动。

4. 向中间回力后继续向两边拉动，动作可反复进行。

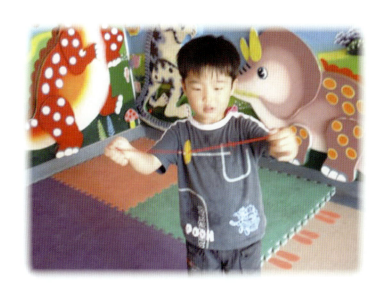

功能：锻炼幼儿手腕灵活协调，培养幼儿探索发现解决问题的能力。

名称：泡沫垫大脚板

作　　者：陈楠

适用年龄：4～6岁

材　　料：废旧泡沫垫、毛巾带

替换材料：各种能放得下2～3岁孩子脚的废旧纸盒、泡沫塑料盒等

制作步骤：

1. 把泡沫垫剪成大脚板。
2. 用毛巾带穿过泡沫垫并打结。

成品图片：

特点：材料易寻找，制作方法简单，能锻炼幼儿身体的协调能力和灵活性。

玩法一：大鞋走
穿上特制的大鞋子在游戏中练习齐步走。

玩法二：爬
幼儿手脚都穿上大脚板爬行前进。

功能：锻炼腿部的灵活性。

功能：发展幼儿手脚灵活协调性。

玩法三：匍匐前进

幼儿手上套上大脚板，匍匐前进。

玩法四：挡小球

一名幼儿投掷小球，另一名幼儿双手套大脚板挡住小球。

功能：锻炼幼儿的全身协调灵活性。

功能：发展幼儿手眼协调能力。

名称：水母飞盘

作　　者：甘立锐

适用年龄：4～6岁

制作材料：竹编盘、彩色条

替换材料：纸板、布带

制作步骤：

把彩带从竹编盘的孔中穿过，打上结，留一小截尾巴。

成品图片：

特点：取材方便，制作简单易学；玩法多样，具有趣味性。

玩法一： 玩飞碟

一个一个的草编盘，套上颜色鲜艳的彩带可当作飞盘飞，彩色彩带飞起来，特别漂亮。

功能： 发展幼儿手臂力量和协调性，培养幼儿审美能力。

玩法二： 滚动的轮子

还可将彩轮在地面上滚动。可进行单独玩耍也可进行竞赛性的游戏。为孩子们带来无穷的乐趣。适合幼儿户外体育运动。

功能： 发展幼儿的手眼协调性、手指灵活性和手臂力量。

名称：套圈运物

作　　者：陈小玥

适用年龄：2～3岁

制作材料：呼啦圈、绳子

制作步骤：

1. 将绳子编好。
2. 将绳子拴在呼啦圈上。

成品图片：

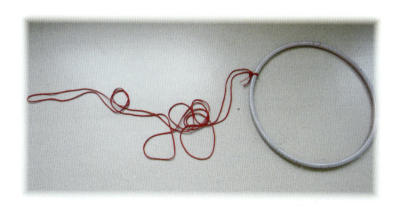

特点：简单易玩，适合低龄幼儿发展其肢体协调性。

玩法：套圈运物

将不同大小、形状的物体放在圈内，让幼儿将其运送一定距离。

功能：幼儿在拉动套圈运送物体中，通过调节自身的动作和速度来控制物体，增强幼儿的肢体协调能力，发展幼儿的协调能力。

名称：蜗牛迷宫

作　　者：曾欢欢

适用年龄：3～6岁

制作材料：塑料泡沫板、皱纹纸

制作步骤：

1. 用双面胶在塑料泡沫板上围成图形。
2. 用皱纹纸制作的绳子排列出图形并固定。
3. 根据塑料泡沫板所需形状制作好路线。

成品图片：

特点：美观、童趣、趣味性强，可随意造型以增加难度。

玩法一：走迷宫

双手握住迷宫，让珠子在迷宫上慢慢随路线滚动。

功能：练习幼儿的反应力以及手眼协调能力。

玩法二：飞盘

轻轻捏住飞盘边，让飞盘转动飞出去。

功能：发展幼儿手臂力量。

玩法三：飞镖

把"蜗牛"身体变飞镖盘，幼儿站在一定距离外，尽量把飞镖投向飞镖盘中心，越接近中心者获胜。

功能：锻炼幼儿手眼协调能力和前臂力量。

名称：大骰子

作　　者：周焱菊

适用年龄：4～6岁

材　　料：泡沫板、彩带、动物图片

制作步骤：

1. 将泡沫垫拼成正方体。
2. 用彩带将正方体固定。
3. 将动物图片粘贴到泡沫板上进行装饰。

成品图片：

特点：小巧、轻便、颜色鲜艳、用途广、玩法多样。

玩法一：旋转

将骰子的一角竖起来，用手旋转，幼儿可以比赛谁的转得久、转得快。

功能：锻炼幼儿的手指小肌肉及手部的控制能力。

玩法二：抛

幼儿将大骰子向上抛起，可用于"大富翁"等智力游戏。

功能： 在抛的过程中锻炼孩子的手臂力量，可更换图片增加孩子游戏的趣味性。

玩法三：螃蟹走

两个幼儿背对背将骰子夹在中间，保持平衡向前走，不让骰子掉落。

功能： 锻炼幼儿的身体协调性和平衡性，培养幼儿的合作意识。

玩法四：跳

将骰子摆放在安全的空地上，幼儿向上跨跳过骰子，尽量不要碰到骰子。

功能： 骰子15厘米的高度可以让孩子练习跨跳及连续障碍跳，锻炼幼儿的跳跃能力和维持身体平衡能力。

名称：小兔跳

作　　者： 张媛

适用年龄： 3～4岁

制作材料： 各色卡纸、一次性小碗、剪刀、卷纸筒芯、毛线、透明胶

制作步骤：

1. 将耳朵、鼻子、眼睛、嘴巴及尾巴贴在小碗上。
2. 在小碗底部打个小孔将毛线穿进去，用胶固定。
3. 将毛线另一头与卷纸筒芯连接好。

成品图片：

特点：材料收集方便，制作简单，适合幼儿游戏。

玩法：比比谁的小兔跑得快

功能：锻炼手部的协调性、灵活性。

玩法三：跳房子

与同伴合作进行PVC格子组装，进行双脚、单脚变换行进跳。

功能：练习幼儿的蹦跳能力以及身体协调性、灵活性。

玩法四：危险沼泽地

将PVC管连接成梯架形状，用轮胎等物品做成类似沼泽地的环境，加大跨走难度。

功能：练习幼儿的跨跳能力以及身体协调性、灵活性、平衡性。

玩法五：钻迷宫

将PVC管做成立体的格架，并进行随意叠加，在下面形成迷宫。幼儿在不碰倒迷宫的前提下，进行钻迷宫游戏。

功能：锻炼钻爬能力以及身体协调性、灵活性、平衡性，发展幼儿的辨别空间能力。

玩法六：青蛙跳荷叶

连接成一个个的格子，双脚并拢向前跳，根据跳跃情况适当调整间隔距离以加大难度。

功能：练习幼儿的蹦跳能力以及身体协调性、灵活性。

责任编辑：梁　胜
责任校对：孙滨蓉
封面设计：米迦设计工作室
责任印制：王　炜

图书在版编目（CIP）数据

幼儿园开放性活动材料的构建与运用／曾莉，刘艳
编著. —成都：四川大学出版社，2013.6
ISBN 978-7-5614-6845-6

Ⅰ.①幼… Ⅱ.①曾… ②刘… Ⅲ.①幼儿园-体育
活动-体育器材-研究 Ⅳ.①G613.7

中国版本图书馆 CIP 数据核字（2013）第 120588 号

书　名	**幼儿园开放性活动材料的构建与运用**
编　著	曾　莉　刘　艳
出　版	四川大学出版社
地　址	成都市一环路南一段 24 号 (610065)
发　行	四川大学出版社
书　号	ISBN 978-7-5614-6845-6
印　刷	四川盛图彩色印刷有限公司
成品尺寸	210 mm×285 mm
印　张	11
字　数	238 千字
版　次	2013 年 6 月第 1 版
印　次	2015 年 1 月第 2 次印刷
定　价	56.00 元

◆读者邮购本书，请与本社发行科联系。
　电话:(028)85408408/(028)85401670/
　(028)85408023　邮政编码:610065
◆本社图书如有印装质量问题,请
　寄回出版社调换。
◆网址:http://www.scup.cn